POUR COMPRENDRE LE CALCUL RÉFLÉCHI

CE2

Cycle 3

W0402310

Calcul mental avec l'appui de l'écrit

PATRICK DEBÛ

DANIEL PEYNICHOU

hachette
ÉDUCATION

AVANT-PROPOS

POURQUOI UN CAHIER DE CALCUL RÉFLÉCHI ?

Les programmes de mathématiques de l'école élémentaire accordent **une place centrale au calcul réfléchi**. Ils insistent sur la diversité des procédures utilisables pour traiter un même calcul, sur la nécessité d'expliciter ces dernières et sur la liberté qu'il convient de laisser aux enfants quant à leur choix. Sauf exception, il est peu vraisemblable que les enfants « inventent » spontanément ces procédures. Il convient donc de leur permettre de les rencontrer dans des exemples résolus et de les mettre en œuvre dans des calculs semblables et simples. Il leur sera alors possible par la suite de choisir dans le répertoire qu'ils auront construit celle qui leur conviendra le mieux à un moment donné.

Coauteurs de la collection « *Pour comprendre les mathématiques* », dans laquelle le ***calcul mental*** a toujours tenu une place privilégiée, nous proposons d'offrir aux enseignants des recueils de fiches prêtes à l'emploi (un par niveau, du CP au CM2) permettant une mise en œuvre immédiate à partir d'un sommaire précis.

QUE PROPOSE CHACUNE DES FICHES DU CAHIER ?

➲ Une procédure adaptée à un type de calcul (somme, différence, produit, quotient) sur un exemple résolu. Une petite mascotte et un ou deux enfants présentent le calcul et la méthode utilisée afin de rendre l'exercice moins austère et moins abstrait.

➲ Une courte batterie de calculs que les enfants effectuent en appliquant la procédure proposée. Le petit nombre d'items et leur simplicité doit conduire à un taux de réussite élevé et conforter les enfants dans l'idée que le calcul peut être une source de plaisir.

➲ Un espace dans lequel l'enfant peut donner son avis sur la difficulté de la tâche qu'il vient d'effectuer en coloriant l'un des trois pictos.

➲ Un bandeau en bas de page qui propose, aux enfants qui le souhaitent, d'autres items de même nature à effectuer sur le cahier de recherche.

Nous pensons en effet que le plaisir de la réussite suscite souvent le désir de prolonger le travail.

Les fiches sont conçues de manière à permettre très rapidement un travail entièrement autonome des enfants.

À QUEL MOMENT UTILISER CE CAHIER ?

Il ne se substitue pas au fichier ou au manuel support des séquences de mathématiques dans la classe. En revanche,

➲ il peut être un outil privilégié d'entraînement au calcul réfléchi : une correction immédiate et collective est alors souhaitable ;

➲ il peut aussi, dans les mêmes conditions, être utilisé comme instrument d'évaluation des compétences « calculatoires » des enfants ;

➲ il peut enfin jouer le rôle de recueil d'exercices à faire à la maison, le soir ou à l'occasion des petites vacances, pour mieux assurer ses compétences. Les exercices sont légers, ils s'apparentent aux quatre vers du poème à réviser ou à la page de lecture à revoir. Les enfants peuvent travailler en toute autonomie, sans recours à un tiers. Ce mode d'utilisation n'est donc aucunement contradictoire avec les instructions officielles.

Les auteurs

1 Compter de 5 en 5, de 25 en 25

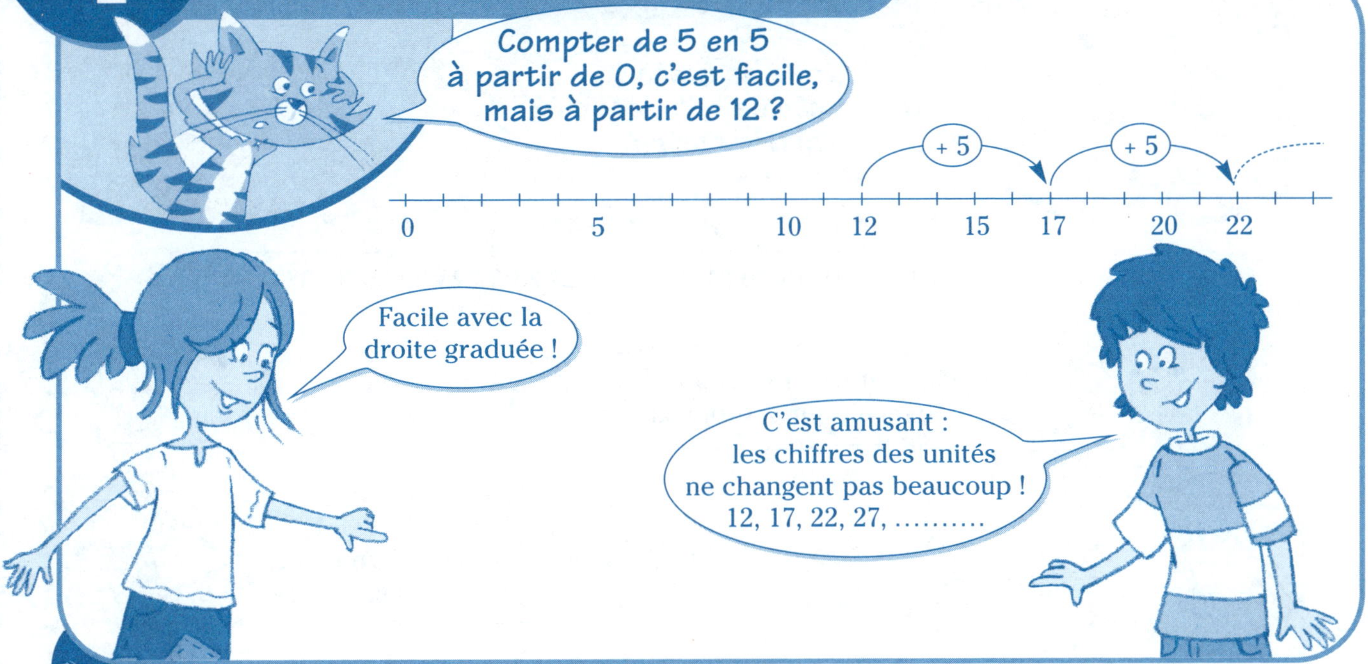

(a) Complète les suites de 5 en 5 comme Myriam et Paul.
Écris les six nombres qui suivent.

▶ 33, 38, ..., ..., ..., ..., ..., ...

▶ 69, ..., ..., ..., ..., ..., ...

Écris maintenant les cinq nombres qui précèdent (qui viennent avant).

▶ ...., ..., ..., ..., ..., 45

▶ ...., ..., ..., ..., ..., 57

(b) Et maintenant, complète les suites de 25 en 25.
Écris les six nombres qui suivent.

▶ 25, ..., ..., ..., ..., ..., ...

▶ 15, ..., ..., ..., ..., ..., ...

Tu peux t'entraîner à calculer :

▶ de 5 en 5 : 46, ..., ..., ..., ..., ..., ...

▶ de 5 en 5 à rebours : ...., ..., ..., ..., ..., 110

▶ de 25 en 25 : 30, ..., ..., ..., ..., ..., ...

© Hachette Livre 2006. *Pour comprendre le calcul réfléchi CE2*. La photocopie non autorisée est un délit.

2 Comptage à rebours de 2 en 2

Décompte comme Charline et Jules.

(a) Écris les dix nombres suivants.

▶ 75, 73, ..., ..., ..., ..., ..., ..., ..., ..., ..., ...

▶ 104, 102, ..., ..., ..., ..., ..., ..., ..., ..., ..., ...

(b) Et maintenant, effectue le même travail en décomptant de 5 en 5.

▶ 115, 110, ..., ..., ..., ..., ..., ..., ..., ..., ..., ...

▶ 108, 103, ..., ..., ..., ..., ..., ..., ..., ..., ..., ...

▶ 902, ..., ..., ..., ..., ..., ..., ..., ..., ..., ...

Tu peux t'entraîner à calculer.

de 2 en 2 : 303, 301, ..., ..., ..., ..., ..., ..., ..., ..., ...

de 5 en 5 : 91, 89, ..., ..., ..., ..., ..., ..., ..., ..., ...

© Hachette Livre 2006. *Pour comprendre le calcul réfléchi CE2*. La photocopie non autorisée est un délit.

3 Ajouter un nombre d'un chiffre

+	2	3	4	5	6	7
2	4	5	6	7	8	9
3	5	6	7	8	9	…
4	6	7	8	**9**	…	…
5	7	8	9	…	…	…

75 = 70 + 5
70 + (5 + 4)
70 + 9 = 79

75 + 4 = 79

Calcule comme Coline et Karim.

37 + 2 | 83 + 4 | 72 + 5

96 + 3 | 245 + 3 | 313 + 5

474 + 5 | 726 + 2 | 662 + 7

Tu peux t'entraîner à calculer.

141 + 7 | 226 + 2 | 183 + 6 | 322 + 5 | 637 + 2 | 473 + 4

© Hachette Livre 2006. *Pour comprendre le calcul réfléchi CE2*. La photocopie non autorisée est un délit.

4 Ajouter un nombre d'un chiffre (passage de la dizaine)

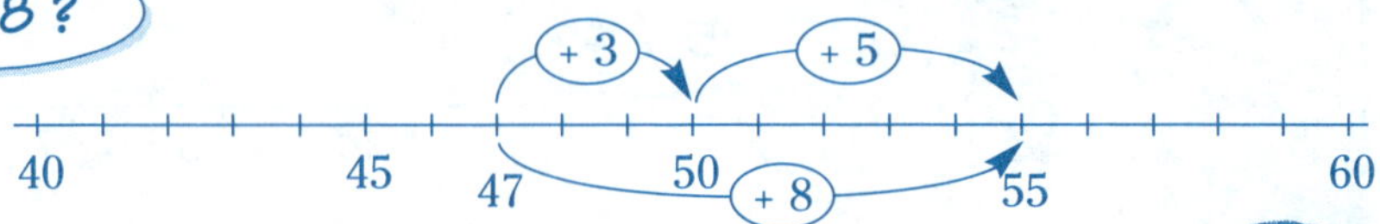

1 + 9 — 10 — 4 + 6
2 + 8 — 10 — 3 + 7
5 + 5

$$47 + 8 = (47 + 3) + 5$$
$$= 50 + 5$$
$$= 55$$

47 + 8 = 55

Calcule comment Léa et Jean.

27 + 5	53 + 9	76 + 6
128 + 4	207 + 6	378 + 7
198 + 5	272 + 8	996 + 8

Tu peux t'entraîner à calculer.

68 + 9	124 + 8	296 + 5	515 + 8
1 028 + 3	1 207 + 7	893 + 8	1 999 + 4

© Hachette Livre 2006. *Pour comprendre le calcul réfléchi CE2*. La photocopie non autorisée est un délit.

5 Ajouter 10, ajouter 100

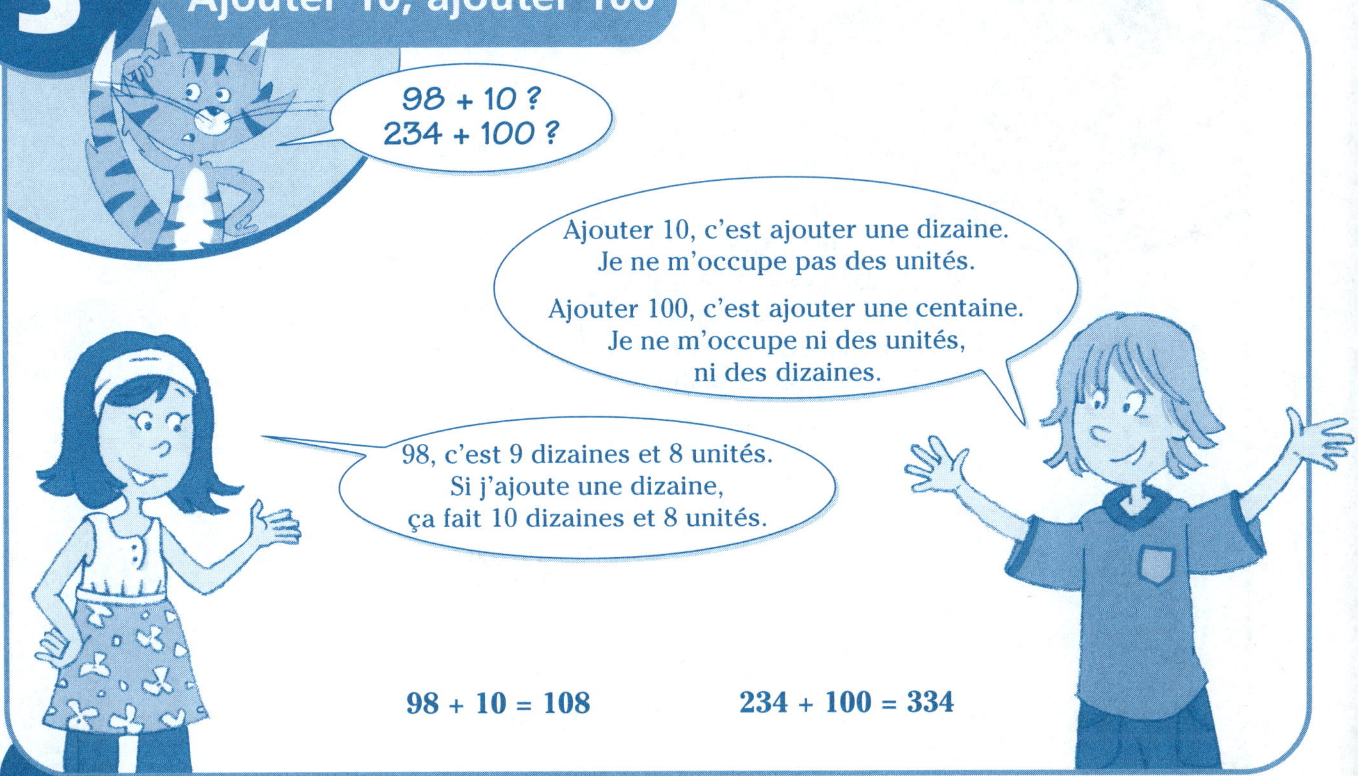

98 + 10 = 108 **234 + 100 = 334**

Calcule comme Véra et Maxime.

54 + 10	77 + 10	165 + 10
192 + 10	295 + 10	303 + 10
145 + 100	363 + 100	724 + 100
12 + 100	913 + 100	986 + 100

Tu peux t'entraîner à calculer.

86 + 10	91 + 10	652 + 10	698 + 10
402 + 100	551 + 100	927 + 100	901 + 100

© Hachette Livre 2006. *Pour comprendre le calcul réfléchi CE2*. La photocopie non autorisée est un délit.

6 Ajouter des dizaines entières, des centaines entières

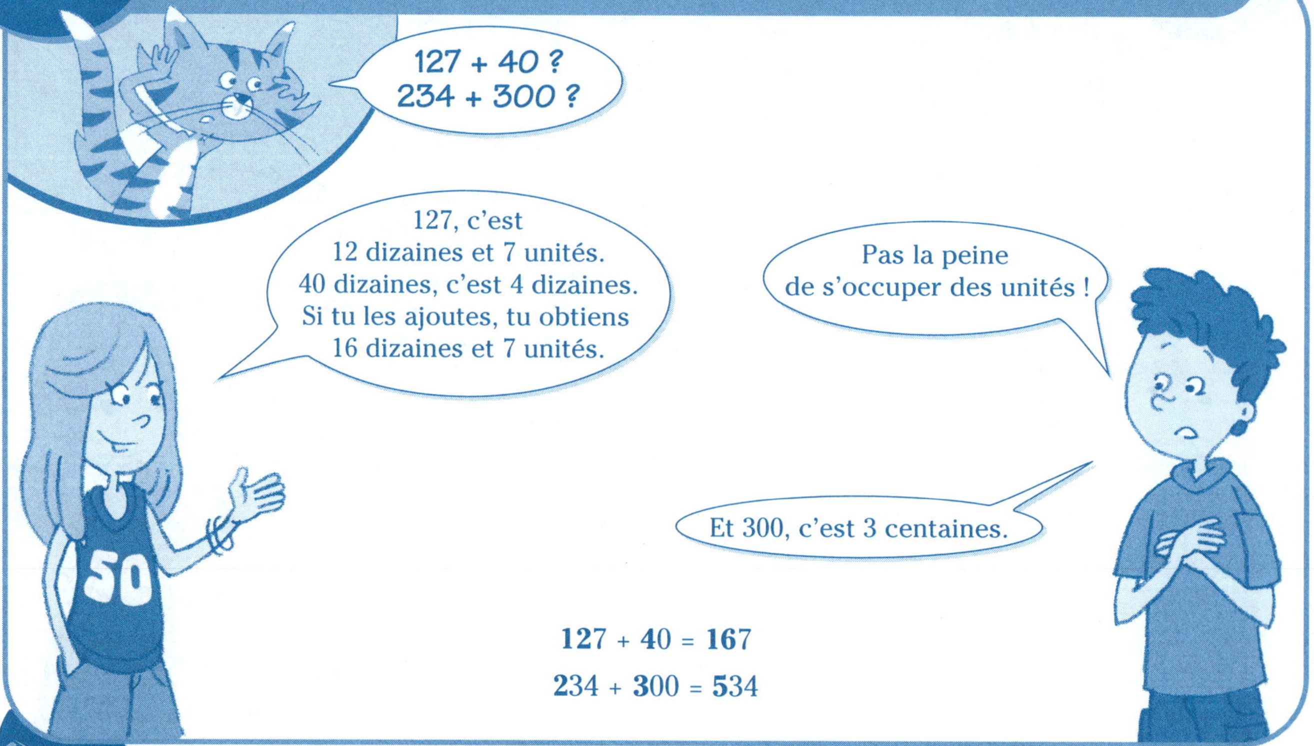

127 + **4**0 = **16**7

234 + **3**00 = **5**34

Calcule comme Pauline et Jules.

168 + 30	425 + 60	206 + 70
182 + 50	378 + 40	555 + 50
428 + 500	631 + 300	705 + 400

Tu peux t'entraîner à calculer.

227 + 80	38 + 90	163 + 70	536 + 40	853 + 60
612 + 300	156 + 500	389 + 400	235 + 600	728 + 500

© Hachette Livre 2006. *Pour comprendre le calcul réfléchi CE2.* La photocopie non autorisée est un délit.

7 Ajouter 9, 19…

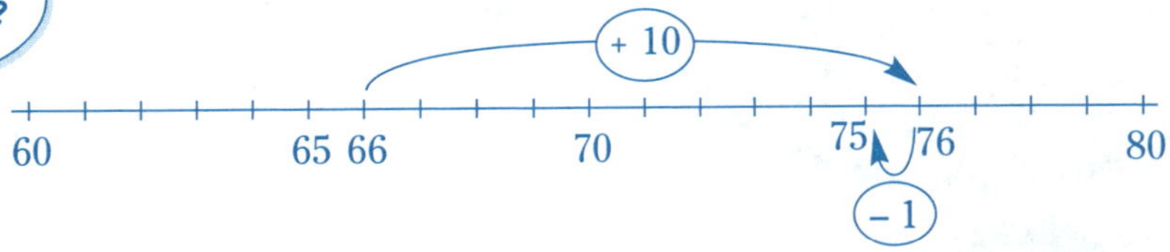

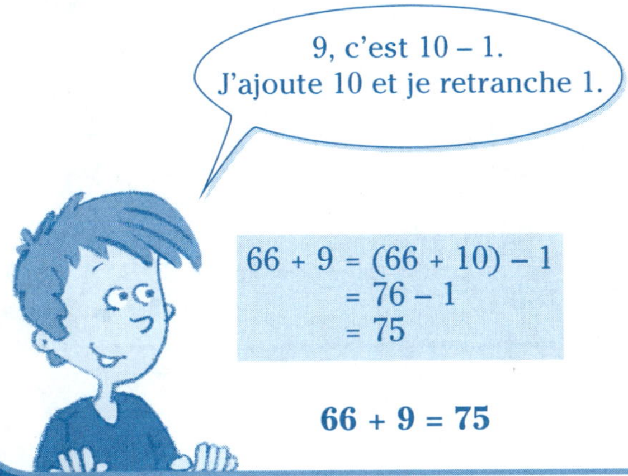

$$66 + 9 = (66 + 10) - 1 = 76 - 1 = 75$$

$$66 + 19 = (66 + 20) - 1 = 86 - 1 = 85$$

66 + 9 = 75

66 + 19 = 85

ⓐ **Comment fais-tu pour ajouter 29 ?** ……………………………………………

ⓑ **Calcule comme Carole et Louis.**

92 + 9	136 + 9	215 + 9
48 + 19	126 + 19	473 + 19
82 + 29	53 + 39	122 + 59

Tu peux t'entraîner à calculer.

87 + 9	65 + 19	74 + 29	56 + 49
253 + 29	345 + 59	305 + 69	527 + 39

© Hachette Livre 2006. *Pour comprendre le calcul réfléchi CE2*. La photocopie non autorisée est un délit.

8 Ajouter des multiples de 5

115 + **45** = (110 + 40) + (**5** + **5**)
115 + 45 = 150 + **10**
= 160

115 + 45 = 160

Calcule comme Julie et Loïc.

135 + 15	75 + 45	105 + 85
125 + 65	145 + 25	315 + 45
225 + 105	65 + 215	85 + 135

Tu peux t'entraîner à calculer.

45 + 65	85 + 115	245 + 35	185 + 65
375 + 45	435 + 85	165 + 255	575 + 385

© Hachette Livre 2006. *Pour comprendre le calcul réfléchi CE2*. La photocopie non autorisée est un délit.

9 Sommes de deux nombres de deux chiffres

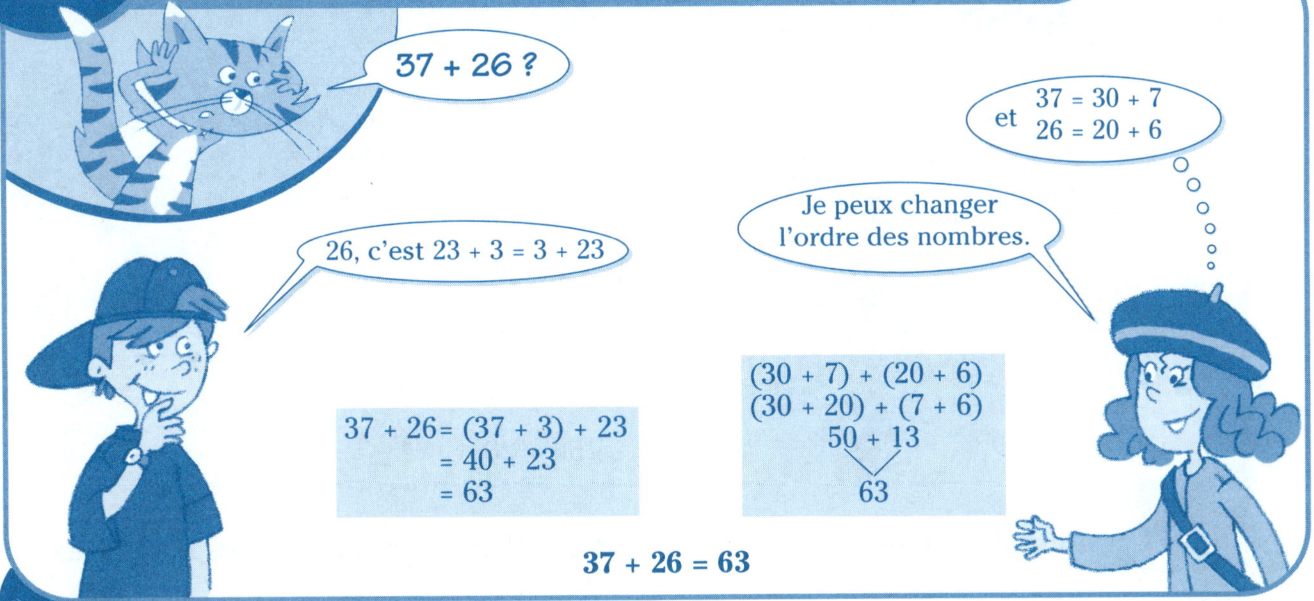

37 + 26 = (37 + 3) + 23
= 40 + 23
= 63

(30 + 7) + (20 + 6)
(30 + 20) + (7 + 6)
50 + 13
63

37 + 26 = 63

Calcule selon la méthode de ton choix.

27 + 45

38 + 33

64 + 28

47 + 65

53 + 78

66 + 86

FACILE

ASSEZ DIFFICILE

DIFFICILE

Tu peux t'entraîner à calculer.

24 + 65	52 + 97	56 + 38	37 + 45
84 + 65	48 + 93	57 + 48	63 + 51

© Hachette Livre 2006. *Pour comprendre le calcul réfléchi CE2*. La photocopie non autorisée est un délit.

10 Sommes de deux nombres de 2 ou 3 chiffres

156 + 28 = 184

Choisis la méthode qui te convient pour calculer les sommes suivantes.

147 + 34

268 + 73

123 + 169

255 + 137

86 + 356

454 + 259

Tu peux t'entraîner à calculer.

164 + 87 98 + 426 117 + 186 248 + 169 562 + 274 446 + 321

© Hachette Livre 2006. *Pour comprendre le calcul réfléchi CE2*. La photocopie non autorisée est un délit.

11 Sommes de deux nombres, par sauts successifs

$$
\begin{aligned}
136 + 87 &= (136 + 4) + 83\\
&= 140 + 83\\
&= (140 + 3) + 80\\
&= 143 + 80\\
&= 223
\end{aligned}
$$

$$
\begin{aligned}
136 + 87 &= 133 + (3 + 87)\\
&= 133 + 90\\
&= 223
\end{aligned}
$$

136 + 87 = 223

Calcule selon la méthode de ton choix.

127 + 72

73 + 137

184 + 238

156 + 225

77+ 185

93 + 128

Tu peux t'entraîner à calculer.

117 + 88 238 + 46 127 + 135 219 + 123 89 + 204

© Hachette Livre 2006. *Pour comprendre le calcul réfléchi CE2*. La photocopie non autorisée est un délit.

12 Sommes de deux nombres, passage par une différence

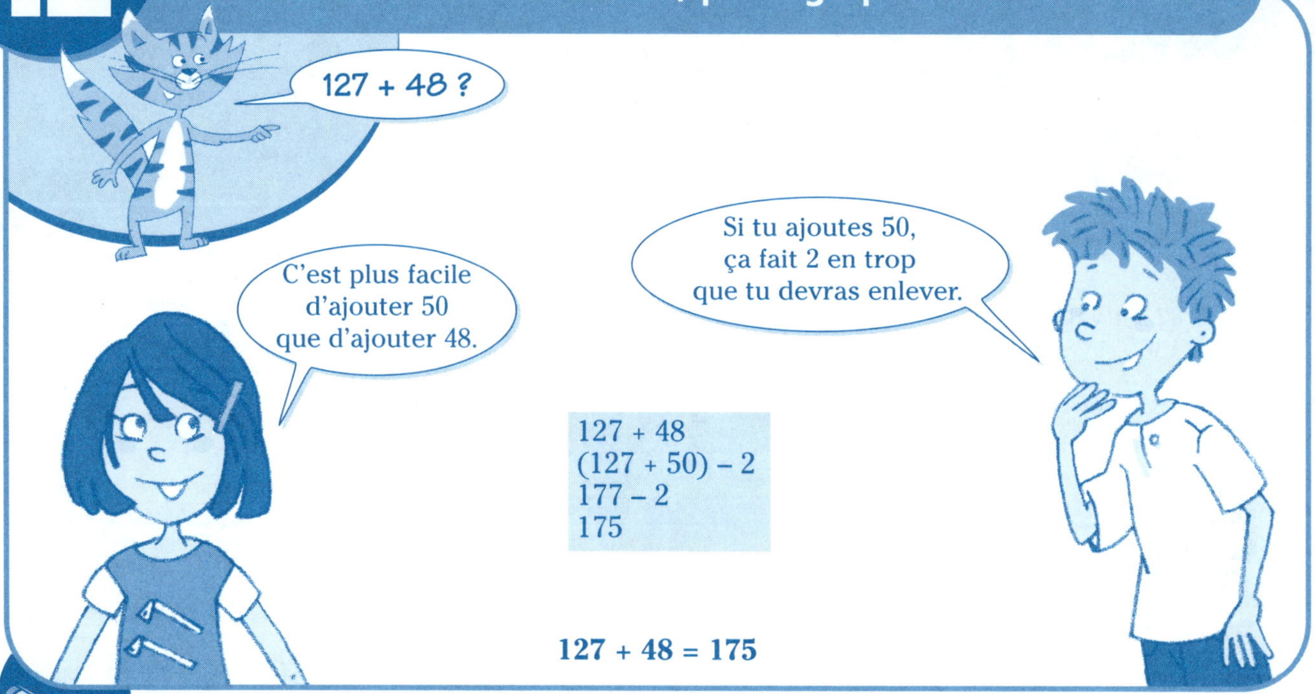

127 + 48
(127 + 50) – 2
177 – 2
175

127 + 48 = 175

Calcule comme Chloé et Bastien.

83 + 29	106 + 57	654 + 147
654 + 157	86 + 722	835 + 496

FACILE – ASSEZ DIFFICILE – DIFFICILE

Tu peux t'entraîner à calculer.

126 + 235   249 + 123   357 + 344   198 + 566   627 + 355

© Hachette Livre 2006. *Pour comprendre le calcul réfléchi CE2*. La photocopie non autorisée est un délit.

13 Organiser un calcul additif

78 + 143 + 32 + 87
(78 + 32) + (143 + 87)
(70 + 30 + 10) + (140 + 80 + 10)
110 + 230
340

78 + 143 + 32 + 87 = 340

Calcule comme Victoire.

124 + 75 + 135 + 16

252 + 89 + 58 + 71

63 + 144 + 227 + 76

185 + 302 + 88 + 415

Tu peux t'entraîner à calculer.

109 + 65 + 781 + 30 + 45

647 + 258 + 300 + 123 + 402

254 + 138 + 150 + 166 + 222

24 + 35 + 59 + 45 + 76 + 31

© Hachette Livre 2006. *Pour comprendre le calcul réfléchi CE2*. La photocopie non autorisée est un délit.

14 Sommes de multiples de 25

75 + 50 = (50 + 25) + 50
= (50 + 50) + 25
= 100 + 25
= 125

75 + 50 = 75 + (25 + 25)
= (75 + 25) + 25
= 100 + 25
= 125

75 + 50 = 125

Calcule selon la méthode de ton choix.

25 + 75

125 + 25

50 + 125

75 + 75

125 + 75

225 + 75

Tu peux t'entraîner à calculer.

125 + 125	75 + 150	175 + 125	250 + 150
75 + 275	150 + 175	325 + 275	350 + 125

© Hachette Livre 2006. *Pour comprendre le calcul réfléchi CE2*. La photocopie non autorisée est un délit.

15 Compléments à 10, à 20...

Calcule comme Myriam et Hector.

ⓐ Complète les égalités.

.... + 2 = 10	5 + ... = 10	.... + 4 = 10
.... + 3 = 10	.... + 9 = 10	7 + ... = 10

ⓑ Combien faut-il ajouter à 26 pour aller à 30 ? ....

▶ **Combien faut-il ajouter à 47 pour aller à 50 ?** ....

▶ **Combien faut-il ajouter à 34 pour aller à 40 ?** ....

▶ **Combien faut-il ajouter à 62 pour aller à 70 ?** ....

Tu peux t'entraîner à calculer.

13 + ... = 20	..... + 12 = 20	25 + ... = 30	..... + 22 = 30
36 + ... = 40	..... + 26 = 50	58 + ... = 60	..... + 73 = 80

© Hachette Livre 2006. *Pour comprendre le calcul réfléchi CE2*. La photocopie non autorisée est un délit.

16 Complément à une dizaine entière

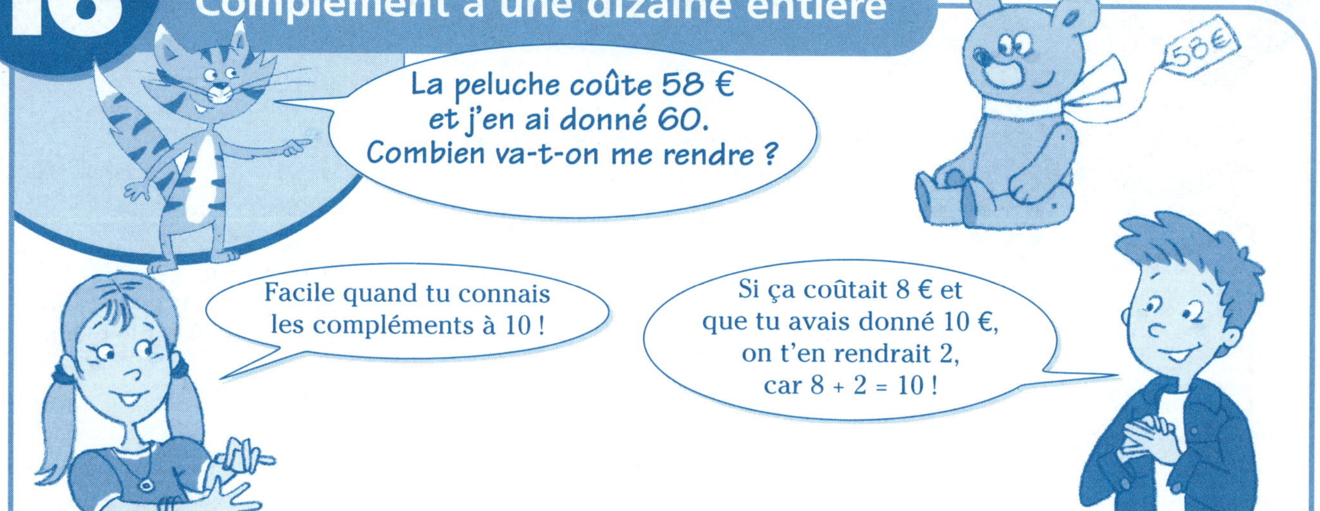

60 = 50 + 10 = 50 + (8 + 2) = 58 + 2
On va lui rendre 2 €.

Calcule et complète.

56 + ... = 60	27 + ... = 30	175 + ... = 80
90 = 83 + ...	50 = 42 + ...	370 = 364 + ...
30 – 21 = ...	90 – 86 = ...	250 – 243 = ...

FACILE — ASSEZ DIFFICILE — DIFFICILE

Tu peux t'entraîner à calculer.

78 + ... = 80	28 + ... = 30	152 + ... = 160
120 = 116 + ...	400 = 392 + ...	250 = 247 + ...
140 – 135 = ...	710 – 703 = ...	370 – 364 = ...

© Hachette Livre 2006. *Pour comprendre le calcul réfléchi CE2*. La photocopie non autorisée est un délit.

17 Retrancher un petit nombre (comptage à rebours)

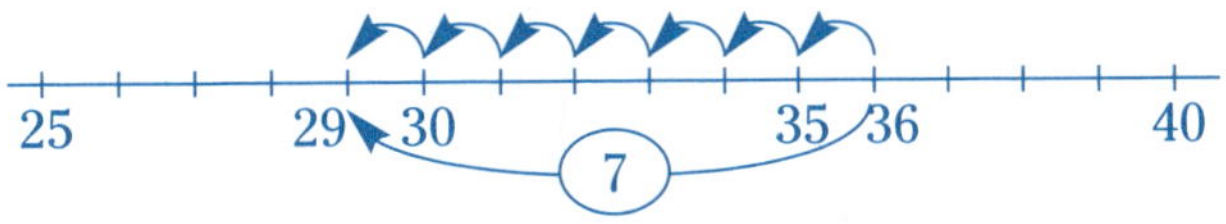

36 – 7 = 29

Calcule comme Julie et complète.

28 – 5 = ...

24 – 6 = ...

42 – 5 = ...

47 – 9 = ...

51 – 3 = ...

63 – 5 = ...

95 – 7 = ...

103 – 5 = ...

124 – 6 = ...

Tu peux t'entraîner à calculer.

56 – 8   41 – 6   134 – 7   172 – 5   232 – 4   356 – 8

© Hachette Livre 2006. *Pour comprendre le calcul réfléchi CE2*. La photocopie non autorisée est un délit.

18 Retrancher un petit nombre (petits sauts)

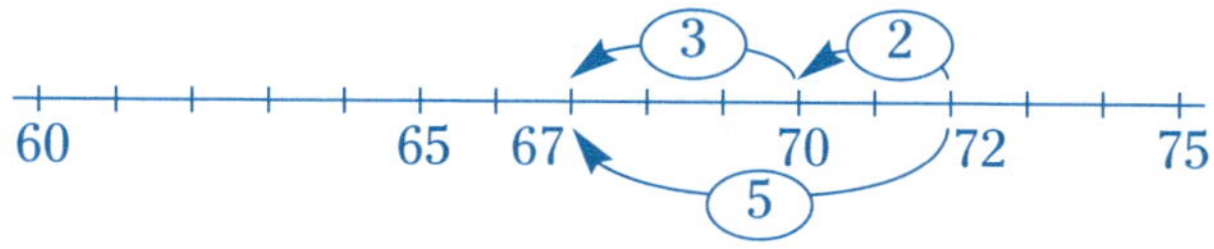

72 – 2 = 70
70 – 3 = 67

72 – 5 = 67

Calcule comme Adrien et complète.

54 – 6 = ...

43 – 5 = ...

82 – 7 = ...

121 – 4 = ...

176 – 8 = ...

254 – 7 = ...

605 – 8 = ...

772 – 5 = ...

483 – 8 = ...

FACILE — ASSEZ DIFFICILE — DIFFICILE

Tu peux t'entraîner à calculer.

37 – 8   66 – 7   102 – 5   234 – 8   222 – 4   565 – 6   1 003 – 5

© Hachette Livre 2006. *Pour comprendre le calcul réfléchi CE2*. La photocopie non autorisée est un délit.

19 Retrancher des nombres proches (sauts avant)

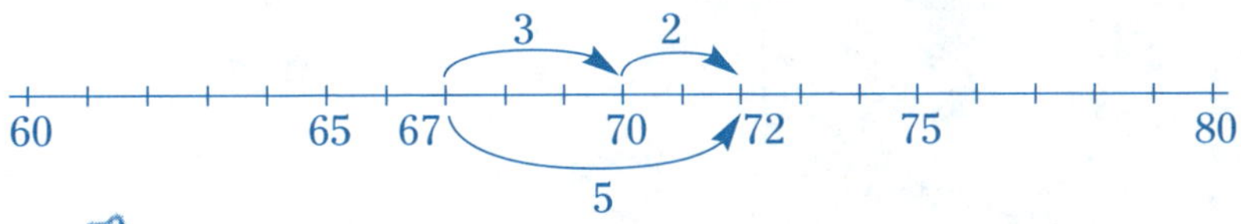

72 – 67 = 5

Calcule et complète.

83 – 78 = ...	35 – 27 = ...	61 – 55 = ...
123 – 119 = ...	204 – 198 = ...	257 – 249 = ...
421 – 416 = ...	376 – 368 = ...	703 – 695 = ...

Tu peux t'entraîner à calculer.

52 – 48 94 – 86 164 – 158 135 – 127 904 – 888 771 – 763

© Hachette Livre 2006. *Pour comprendre le calcul réfléchi CE2*. La photocopie non autorisée est un délit.

20 Retrancher des nombres proches

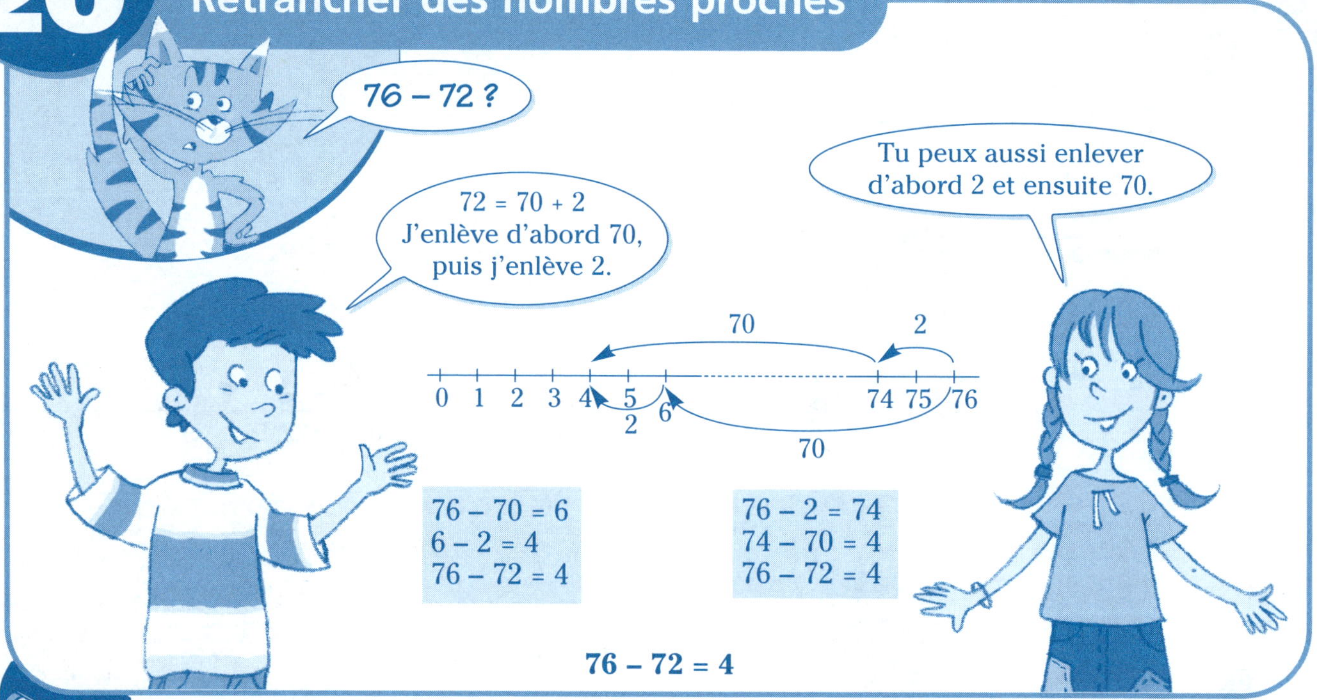

76 – 72 = 4

Calcule et complète.

FACILE

88 – 83 = ...

97 – 91 = ...

69 – 65 = ...

ASSEZ DIFFICILE

126 – 124 = ...

238 – 232 = ...

549 – 542 = ...

DIFFICILE

78 – 69 = ...

92 – 87 = ...

143 – 138 = ...

Tu peux t'entraîner à calculer.

203 – 197   75 – 68   358 – 353   504 – 496   631 – 625   294 – 286

© Hachette Livre 2006. *Pour comprendre le calcul réfléchi CE2*. La photocopie non autorisée est un délit.

21 Soustraire par différences égales (1)

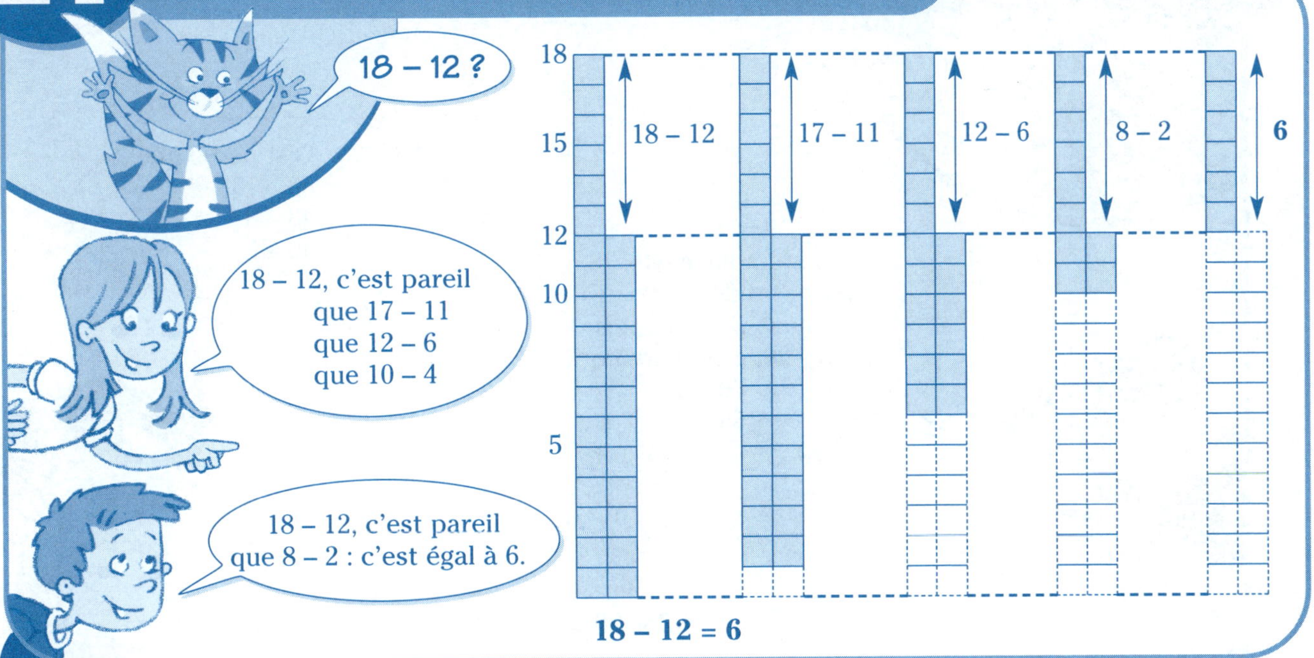

Calcule comme Laure et Julien.

17 – 13 = ...

19 – 14 = ...

26 – 15 = ...

33 – 22 = ...

47 – 36 = ...

85 – 62 = ...

58 – 44 = ...

67 – 35 = ...

74 – 63 = ...

Tu peux t'entraîner à calculer.

16 – 12   26 – 14   44 – 23   57 – 35   98 – 63   239 – 214

© Hachette Livre 2006. *Pour comprendre le calcul réfléchi CE2.* La photocopie non autorisée est un délit.

22 Soustraire par différences égales (2)

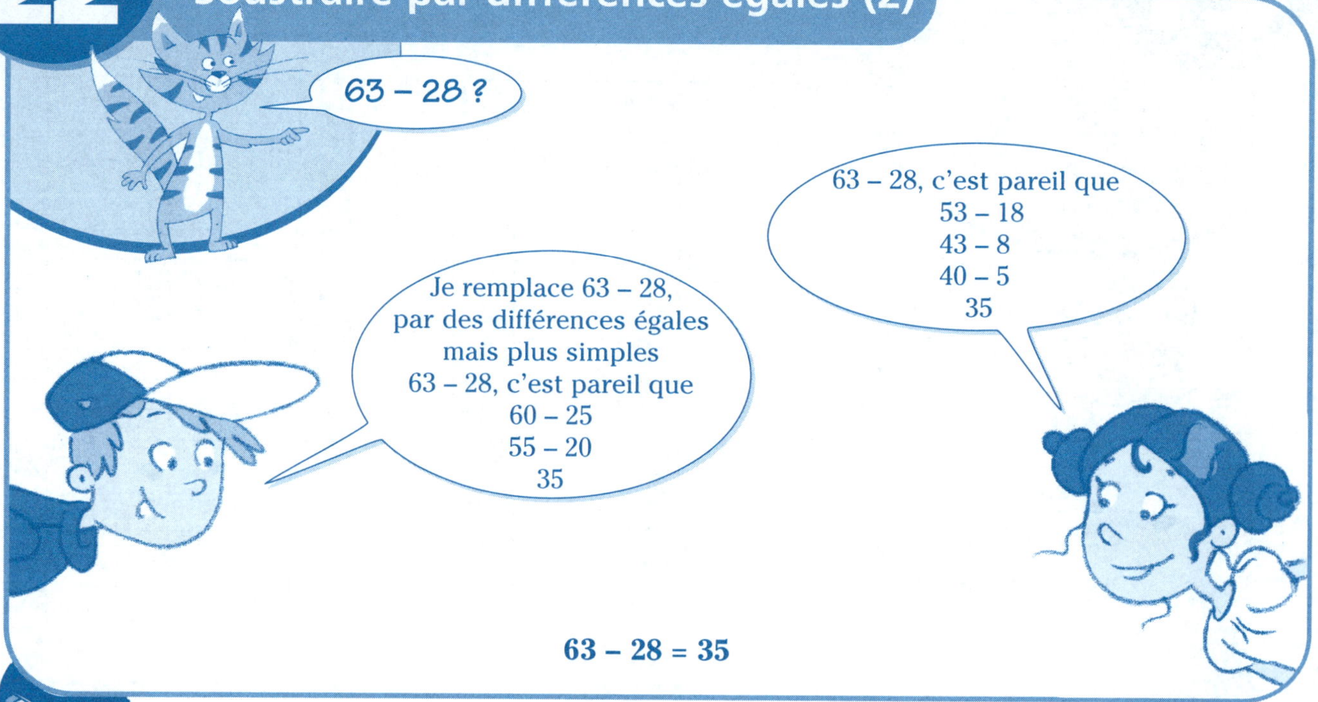

63 – 28 = 35

Calcule comme Delphine et Laurent.

21 – 17

32 – 17

46 – 28

65 – 39

54 – 27

83 – 46

FACILE

ASSEZ DIFFICILE

DIFFICILE

Tu peux t'entraîner à calculer.

26 – 18 42 – 27 92 – 54 75 – 38 61 – 23 83 – 37

© Hachette Livre 2006. *Pour comprendre le calcul réfléchi CE2*. La photocopie non autorisée est un délit.

23 Soustraire par différences égales (3)

84 – 36 = 48

Calcule comme Myriam en remplaçant les différences compliquées par des plus simples.

95 – 38 = ...

103 – 56 = ...

145 – 64 = ...

184 – 87 = ...

193 – 125 = ...

148 – 66 = ...

Tu peux t'entraîner à calculer.

136 – 88 | 164 – 86 | 152 – 67 | 215 – 142 | 237 – 128

© Hachette Livre 2006. *Pour comprendre le calcul réfléchi CE2*. La photocopie non autorisée est un délit.

24 Soustraire par différences égales (4)

453 – 272
253 – 72
251 – 70
201 – 20
181

453 – 272
203 – 22
201 – 20
181

453 – 272 = 181

Calcule selon la méthode de ton choix.

236 – 183 = ...

307 – 135 = ...

782 – 467 = ...

371 – 266 = ...

824 – 534 = ...

563 – 188 = ...

FACILE — ASSEZ DIFFICILE — DIFFICILE

Tu peux t'entraîner à calculer.

127 – 98 235 – 156 707 – 563 465 – 241 683 – 254

© Hachette Livre 2006. *Pour comprendre le calcul réfléchi CE2*. La photocopie non autorisée est un délit.

25 Retrancher 9, 19…

35 − 9
35 − 10 = 25
25 + 1 = 26

35 − 9 = 26

Calcule comme Sophie et Pierre.

42 − 9 = ...　　53 − 9 = ...　　74 − 9 = ...

102 − 9 = ...　　156 − 9 = ...　　254 − 9 = ...

96 − 19 = ...　　123 − 19 = ...　　156 − 29 = ...

Tu peux t'entraîner à calculer.

75 − 9　　142 − 9　　87 − 19　　134 − 19　　76 − 29　　136 − 29　　241 − 39

© Hachette Livre 2006. *Pour comprendre le calcul réfléchi CE2*. La photocopie non autorisée est un délit.

26 Retrancher des nombres qui se terminent par 5

65 – 35 = 60 – 30
= 30

65 – 35 = 30

Calcule comme Stéphane et complète.

85 – 65 = ...

95 – 55 = ...

75 – 35 = ...

135 – 85 = ...

145 – 75 = ...

185 – 125 = ...

235 – 145 = ...

265 – 105 = ...

365 – 95 = ...

FACILE – ASSEZ DIFFICILE – DIFFICILE

Tu peux t'entraîner à calculer.

45 – 15   95 – 65   155 – 65   185 – 125   345 – 65   425 – 185

© Hachette Livre 2006. *Pour comprendre le calcul réfléchi CE2*. La photocopie non autorisée est un délit.

27 Retrancher des multiples de 25

125 – 75 = 100 – 50
= 50

125 – 75 = 50

Calcule et complète.

75 – 25 = ...

125 – 50 = ...

100 – 75 = ...

150 – 25 = ...

200 – 75 = ...

175 – 50 = ...

50 – 25 = ...

250 – 125 = ...

275 – 150 = ...

Tu peux t'entraîner à calculer.

225 – 75 350 – 125 400 – 75 285 – 150 650 – 475 525 – 350

© Hachette Livre 2006. *Pour comprendre le calcul réfléchi CE2*. La photocopie non autorisée est un délit.

28 Calculer une différence en passant par une somme

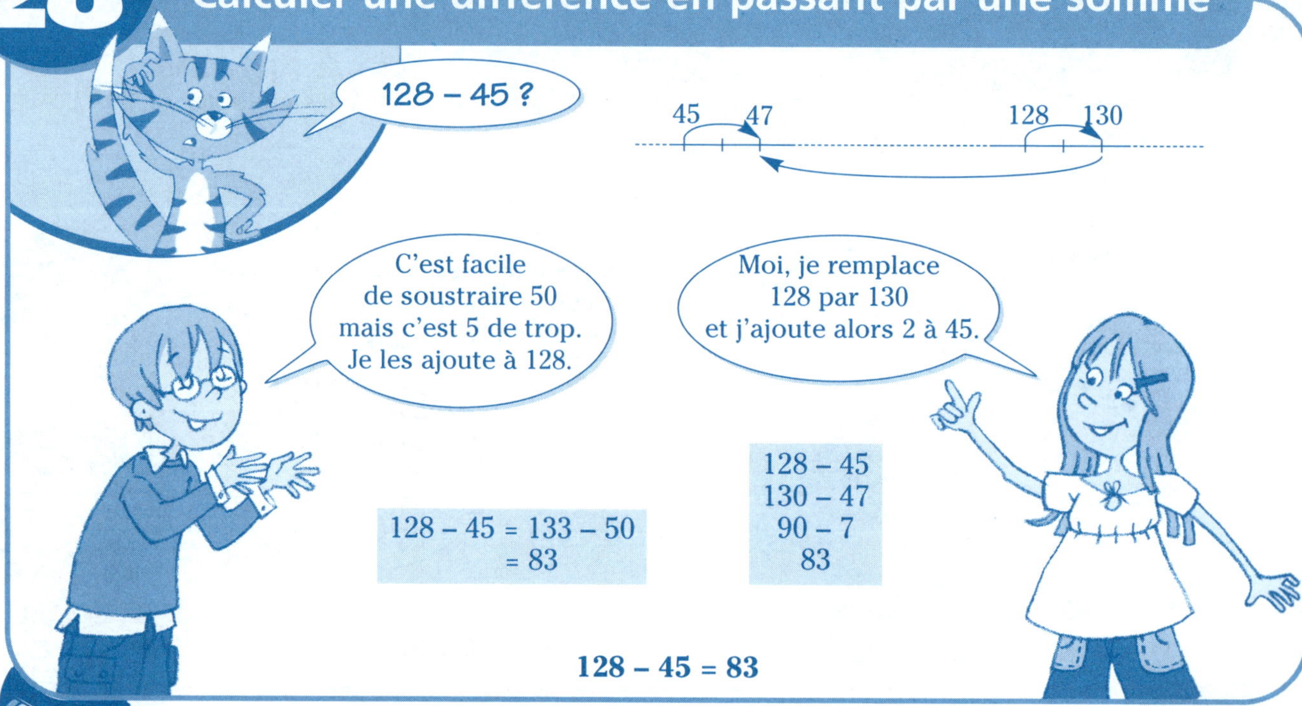

128 – 45 = 83

Calcule comme Marianne et Christophe.

96 – 37 = ...

134 – 58 = ...

192 – 117 = ...

132 – 89 = ...

186 – 75 = ...

234 – 128 = ...

Tu peux t'entraîner à calculer.

253 – 138 352 – 246 397 – 145 405 – 185

© Hachette Livre 2006. *Pour comprendre le calcul réfléchi CE2*. La photocopie non autorisée est un délit.

29 Doubles et moitiés (Nombres < 20)

1 + 1 = 1 × 2 = 2
2 + 2 = 2 × 2 = 4
3 + 3 = 3 × 2 = 6
4 + 4 = 4 × 2 = 8
5 + 5 = 5 × 2 = 10

18 = 10 + 8
Moitié de 18 = 5 + 4 = 9

Moitié de 18 = 9

Calcule les doubles et les moitiés comme Jeanne et Paul.

ⓐ Complète le tableau.

Nombre	9	12	15	11	19	16
Double	....	....	....	....	....	....

ⓑ Complète le tableau.

Nombre	20	30	24	16	28	32
Moitié	....	....	....	....	....	....

ⓒ Quel est le double de la moitié de 16 ? ....

Quelle est la moitié du double de 19 ? ....

FACILE — ASSEZ DIFFICILE — DIFFICILE

Tu peux t'entraîner à calculer.

▶ Doubles de :	13	17	14	21
▶ Moitiés de :	14	22	36	26

© Hachette Livre 2006. *Pour comprendre le calcul réfléchi CE2*. La photocopie non autorisée est un délit.

30 Doubles et moitiés des dizaines entières

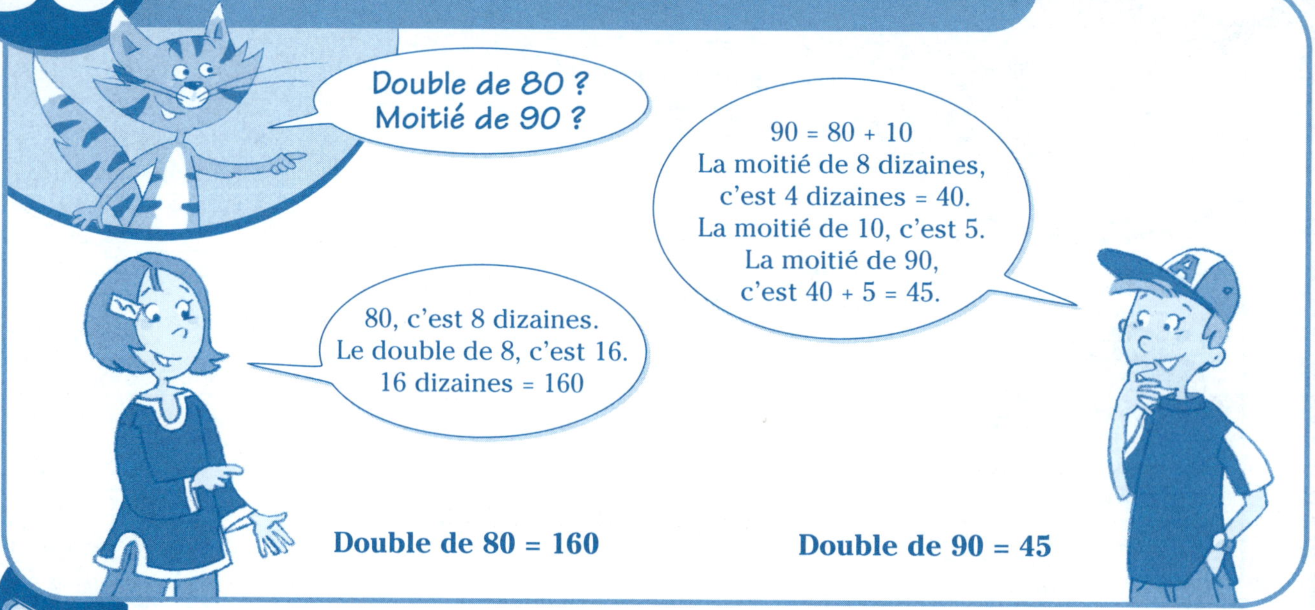

Double de 80 = 160

Double de 90 = 45

Calcule comme Myriam et Hector.

(a) Complète le tableau.

Nombre	40	50	30	60	90	70
Double	....	....	....	....	....	....

(b) Complète le tableau.

Nombre	60	30	50	70	80	60
Moitié	....	....	....	....	....	....

(c) Relie les nombres à leur double et à leur moitié.

(25) (30) (45)

(60) (50) (90)

(100) (180) (120)

Tu peux t'entraîner à calculer les moitiés de ces nombres.

110 100 130 160 140 200

© Hachette Livre 2006. *Pour comprendre le calcul réfléchi CE2*. La photocopie non autorisée est un délit.

31 Doubles des nombres de deux chiffres

27 = 20 + 7

20 + 7
↓ ↓
40 + 14
54

Double de 27 = 54

ⓐ Calcule les doubles des nombres suivants comme Margot.

32

39

43

65

71

56

ⓑ Dans chaque triplet, il y a un intrus. Barre-le.

17	24	34

72	36	31

26	56	28

FACILE — ASSEZ DIFFICILE — DIFFICILE

Tu peux t'entraîner à calculer les doubles de ces nombres.

44 39 58 19 63 29

© Hachette Livre 2006. *Pour comprendre le calcul réfléchi CE2*. La photocopie non autorisée est un délit.

32 Moitiés des nombres de deux chiffres

36 = 20 + 16
↓ ↓
10 + 8
18

36 = 30 + 6
↓ ↓
15 + 3
18

Les nombres pairs ont une moitié.
Les nombres impairs n'ont pas de moitié.

Calcule comme Simon.

ⓐ Entoure les nombres qui possèdent une moitié et barre les autres.

35 28 33 82
51 64 26 75
46 87 74 29

FACILE — ASSEZ DIFFICILE — DIFFICILE

ⓑ Calcule les moitiés des nombres suivants.

44 52 38

56 72 68

Tu peux t'entraîner à calculer les moitiés de ces nombres.

28 34 42 54 66 78 82 96

© Hachette Livre 2006. *Pour comprendre le calcul réfléchi CE2.* La photocopie non autorisée est un délit.

33 Multiplier par 10, par 100

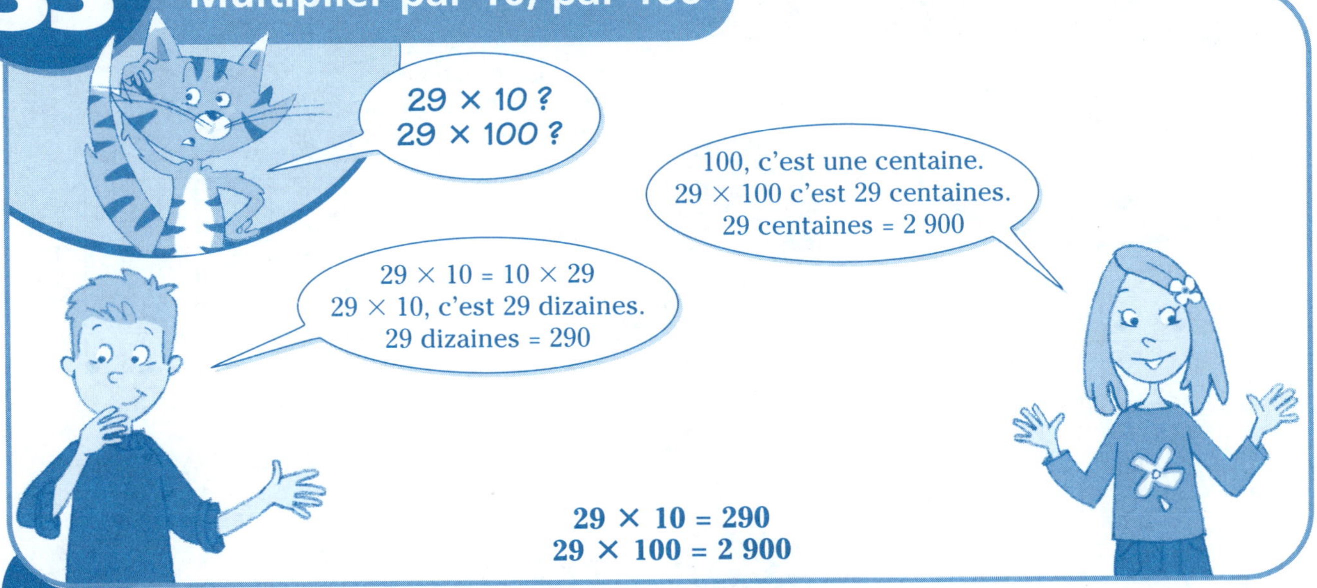

29 × 10 = 290
29 × 100 = 2 900

(a) Calcule les produits.

57 × 10 | 93 × 10 | 45 × 100

126 × 10 | 302 × 10 | 754 × 100

(b) Complète les égalités.

.... × 10 = 340 | 28 × .... = 2800 | .... × 100 = 7000

760 × .... = 7 600 | .... × 10 = 8300 | 10 × .... = 1000

(c) Complète les phrases.

▶ Pour multiplier un nombre par 10, j'écris .... à droite de ce nombre.

▶ Pour multiplier un nombre par 100, j'écris .... à droite de ce nombre.

Tu peux t'entraîner à calculer les produits et compléter les égalités.

▶ 10 × 38 | 69 × 10 | 83 × 10 | 19 × 100 | 102 × 100 | 523 × 100

▶ 303 × ..... = 3 030 | 100 × ..... = 8 200 | ..... × 10 = 5 640

© Hachette Livre 2006. *Pour comprendre le calcul réfléchi CE2*. La photocopie non autorisée est un délit.

34 Construire les tables de multiplication

×	1	2	3	4	5
1	1	2	3	4	5
2	2	4	6	8	10
3	3	6	9	12	15
4	4	8	12	16	20
5	5	10	15	20	25

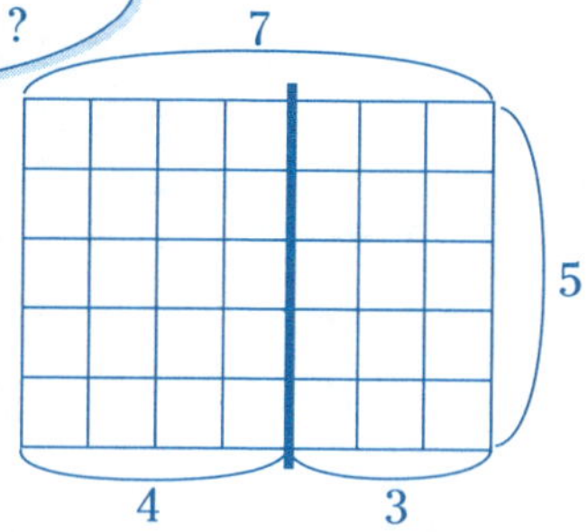

$7 \times 5 = (4 \times 5) + (3 \times 5)$

$20 + 15$

35

7 × 5 = 35

Utilise le quadrillage pour calculer les produits des tables de multiplication

6 × 7 — 7 × 3 — 6 × 8

7 × 7 — 7 × 8 — 9 × 5

Tu peux t'entraîner à calculer.

9 × 6 — 6 × 6 — 8 × 8 — 6 × 9 — 9 × 8 — 9 × 9 — 12 x 7

© Hachette Livre 2006. *Pour comprendre le calcul réfléchi CE2*. La photocopie non autorisée est un délit.

35 Multiplier par 4, prendre le quart

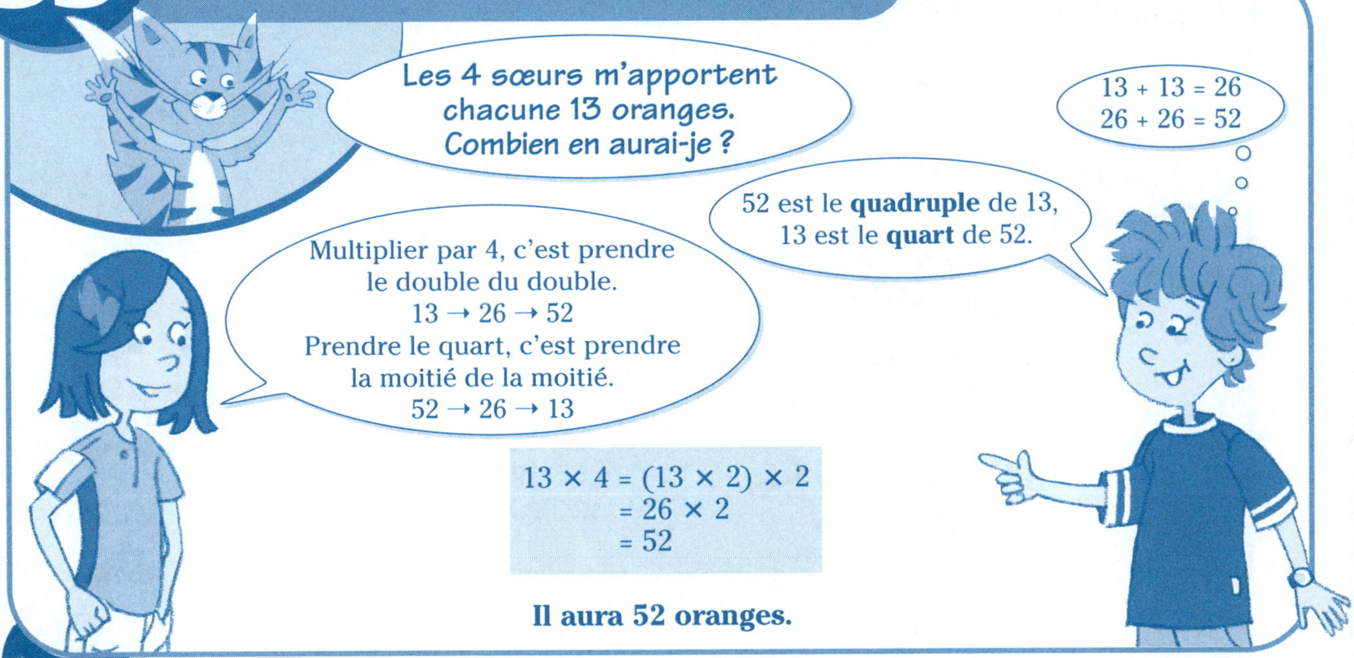

$$13 \times 4 = (13 \times 2) \times 2 = 26 \times 2 = 52$$

Il aura 52 oranges.

ⓐ **Calcule les produits selon la méthode de Louise et Julien.**

25 × 4	60 × 4	16 × 4
15 × 4	12 × 4	18 × 4

ⓑ **Relie les nombres à leur quart.**

24	36	12	60
9	32	15	28
8	6	7	3

ⓒ **Quel est le quadruple du quart de 76 ?** ....

Tu peux t'entraîner à calculer les produits suivants.

17 × 4 19 × 4 22 × 4 24 × 4 35 × 4 56 × 4

Quel est le quart des nombres suivants ? 4 12 40 100 64

© Hachette Livre 2006. *Pour comprendre le calcul réfléchi CE2*. La photocopie non autorisée est un délit.

36 Multiplier par 5

28 × 10 = 280 = 200 + 80
Moitié de 280 = 100 + 40 = 140

28 × 5 = 140

ⓐ Calcule les produits.

16 × 5	24 × 5	48 × 5
14 × 5	32 × 5	52 × 5

FACILE — ASSEZ DIFFICILE — DIFFICILE

ⓑ Complète les égalités.

.... × 5 = 20　　　5 × .... = 55　　　........ × 5 = 100

Tu peux t'entraîner à calculer.

13 × 5　　17 × 5　　64 × 5　　48 × 5　　36 × 5　　82 × 5　　44 × 5

© Hachette Livre 2006. *Pour comprendre le calcul réfléchi CE2*. La photocopie non autorisée est un délit.

37 Multiplier par 3

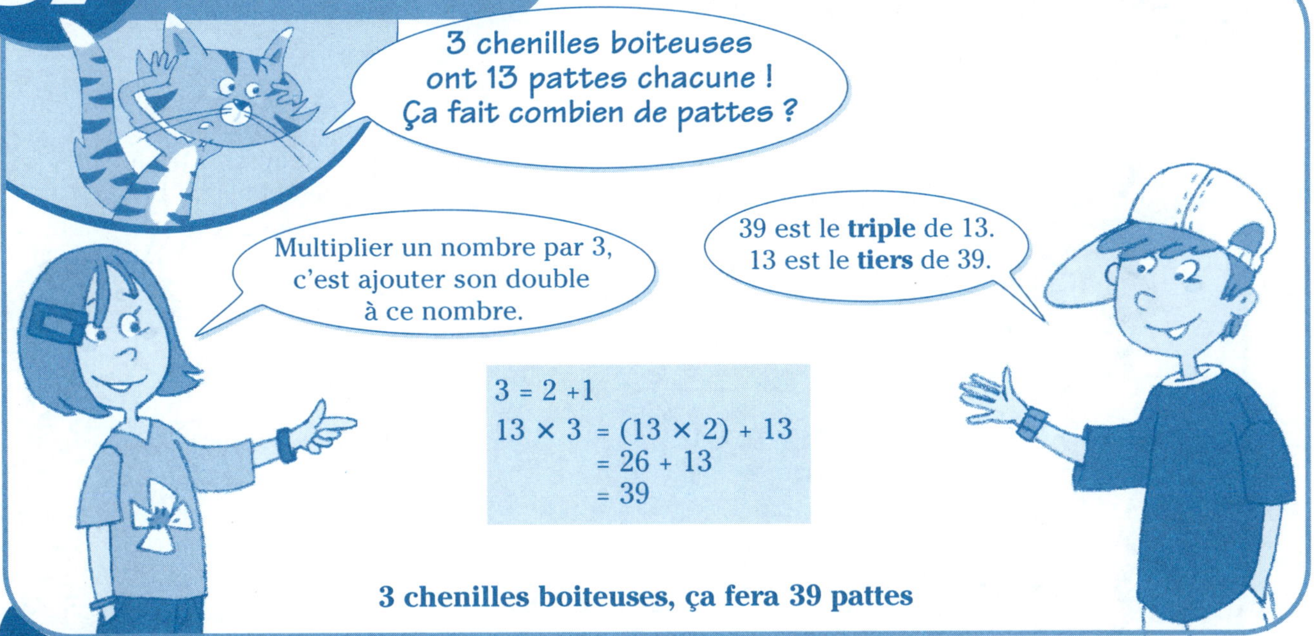

$$3 = 2 + 1$$
$$13 \times 3 = (13 \times 2) + 13 = 26 + 13 = 39$$

3 chenilles boiteuses, ça fera 39 pattes

(a) Calcule les produits comme Mathilde et Léo.

12 × 3 15 × 3 18 × 3

16 × 3 25 × 3 50 × 3

FACILE
ASSEZ DIFFICILE
DIFFICILE

(b) Relie les nombres à leur tiers.

33 15 20 48 51

60 17 11 16 5

Tu peux t'entraîner à calculer.

14 × 3 19 × 3 21 × 3 32 × 3 45 × 3 83 × 5 125 × 3

© Hachette Livre 2006. *Pour comprendre le calcul réfléchi CE2*. La photocopie non autorisée est un délit.

38 Multiplier par 6

14 × 6 ?

6, c'est le double de 3 :
6 = 2 × 3
14 × 6 est le double
de 14 × 3.

14 × 6,
c'est aussi le triple
du double de 14.

14 × 3 = 28 + 14 = 42
42 + 42 = 84

14 × 2 = 28
28 × 3 = 56 + 28
= 84

14 × 6 = 84

Calcule comme Pauline et Jules.

12 × 6	15 × 6	17 × 6
23 × 6	25 × 6	50 × 6
41 × 6	62 × 6	85 × 6

Tu peux t'entraîner à calculer.

13 × 6 16 × 6 18 × 6 19 × 6 24 × 6 45 × 6 56 × 6

© Hachette Livre 2006. *Pour comprendre le calcul réfléchi CE2*. La photocopie non autorisée est un délit.

39 Multiplier par 9

$3 = 2 + 1$
$14 \times 3 = 28 + 14 = 42$
$42 \times 3 = 84 + 42 = 126$

$9 = 10 - 1$
$14 \times 9 = (14 \times 10) - (14 \times 1)$
$= (14 \times 10) - 14$
$= 140 - 14$
$= 126$

14 × 9 = 126

Calcule selon la méthode de ton choix.

15 × 9 | 12 × 9 | 24 × 9

32 × 9 | 57 × 9 | 65 × 9

128 × 9 | 135 × 9 | 245 × 9

Tu peux t'entraîner à calculer.

13 × 9 16 × 9 17 × 9 18 × 9 36 × 9 42 × 9 73 × 9

© Hachette Livre 2006. *Pour comprendre le calcul réfléchi CE2*. La photocopie non autorisée est un délit.

40 Multiplier par 11

$$47 \times 11 = (47 \times 10) + 47$$
$$= 470 + 47$$
$$= 517$$

47 × 11 = 517

Calcule comme Myriam.

36 × 11

54 × 11

50 × 11

29 × 11

87 × 11

63 × 11

123 × 11

250 × 11

432 × 11

Tu peux t'entraîner à calculer.

27 × 11 35 × 11 44 × 11 67 × 11 75 × 11 125 × 11 306 × 11

© Hachette Livre 2006. *Pour comprendre le calcul réfléchi CE2.* La photocopie non autorisée est un délit.

41 Produit d'un nombre de 2 chiffres et d'un nombre d'un chiffre (1)

58 = 50 + 8	58 = 60 – 2
58 × 7 = (50 × 7) + (8 × 7)	58 × 7 = (60 × 7) – (2 × 7)
= 350 + 56	= 420 – 14
= 406	= 406

58 × 7 = 406

Calcule comme Élodie ou Martin.

25 × 7	62 × 6	48 × 4
36 × 8	51 × 7	43 × 9

Tu peux t'entraîner à calculer.

24 × 8 36 × 7 41 × 9 53 × 5 66 × 6

© Hachette Livre 2006. *Pour comprendre le calcul réfléchi CE2*. La photocopie non autorisée est un délit.

42 Produit d'un nombre de 2 chiffres et d'un nombre d'un chiffre (2)

$95 = 100 - 5$
$95 \times 6 = (100 - 5) \times 6$
$= (100 \times 6) - (5 \times 6)$
$= 600 - 30$
$= 570$

$95 \times 6 = (95 \times 2) \times 3$
$= 190 \times 3$
$= (200 \times 3) - (10 \times 3)$
$= 600 - 30$
$= 570$

95 × 6 = 570

Calcule selon la méthode de ton choix.

45 × 6

38 × 5

81 × 7

52 × 8

77 × 4

69 × 9

Tu peux t'entraîner à calculer.

28 × 4 45 × 9 37 × 8 53 × 7 158 × 3 425 × 6

© Hachette Livre 2006. *Pour comprendre le calcul réfléchi CE2*. La photocopie non autorisée est un délit.

43 Multiplier par un nombre entier de dizaines

$32 \times 6 = (30 \times 6) + (2 \times 6)$
$= 180 + 12$
$= 192$
$192 \times 10 = 1\,920$

32 × 60 = 1 920

Calcule les produits comme Violette.

15 × 40

12 × 80

17 × 50

13 × 60

18 × 20

16 × 30

25 × 60

24 × 40

28 × 70

Tu peux t'entraîner à calculer.

14 × 80   21 × 90   27 × 30   35 × 40   62 × 20   28 × 50

© Hachette Livre 2006. *Pour comprendre le calcul réfléchi CE2*. La photocopie non autorisée est un délit.

44 Décomposer un nombre en produit

2 × 12 — 24 — 3 × 8

4 × 6 — 24 — 1 × 24

Il y a plusieurs réponses possibles : 1, 2, 3, 4, 6, 8, 12 et 24.

Écris tous les produits possibles égaux aux nombres suivants.

16	36	90
60	124	360
32	81	42

Tu peux t'entraîner à décomposer les nombres suivants en produits.

27 48 250 75 30

© Hachette Livre 2006. *Pour comprendre le calcul réfléchi CE2*. La photocopie non autorisée est un délit.

45 Jeux multiplicatifs

Observe ce que font Myriam et Hector et découvre la règle.
À ton tour, barre les nombres qui sont associés pour découvrir l'intrus.

a
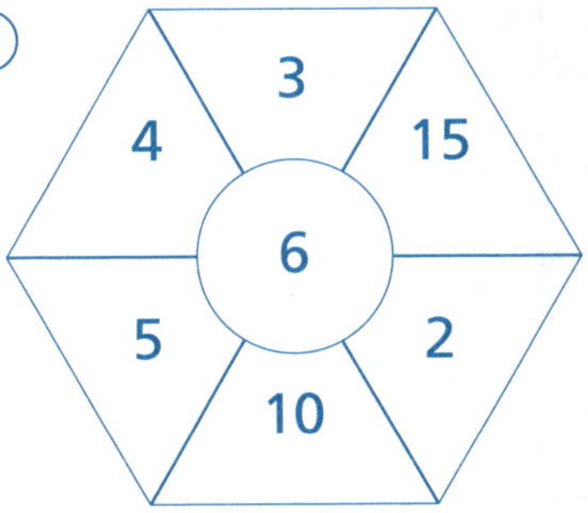

b
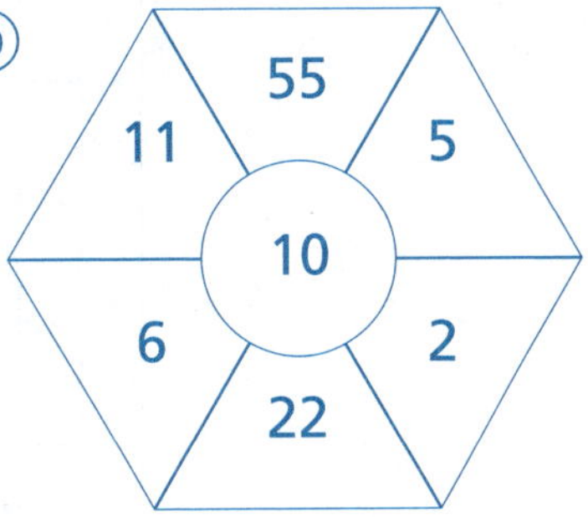

c
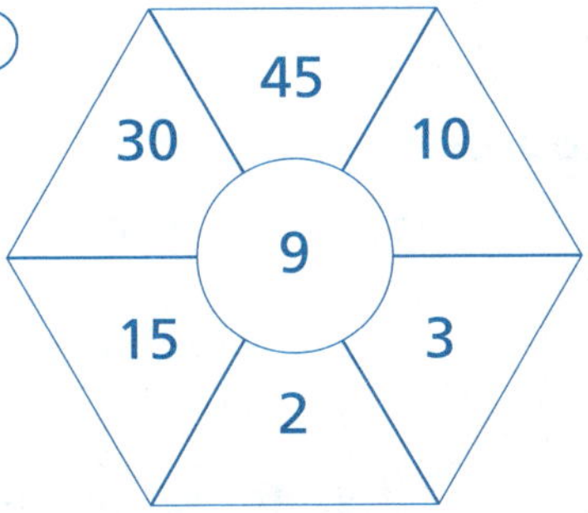

d
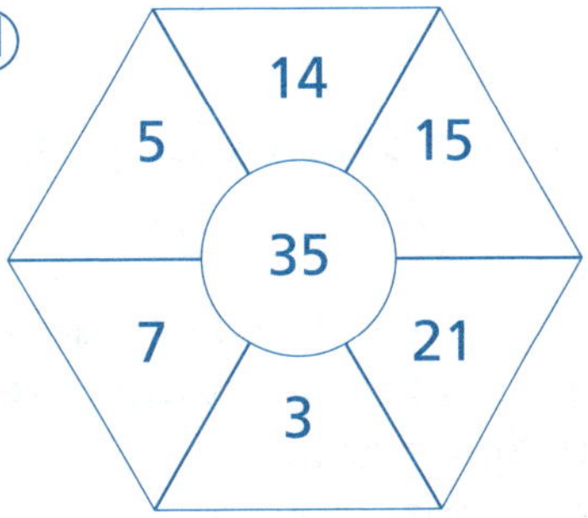

e
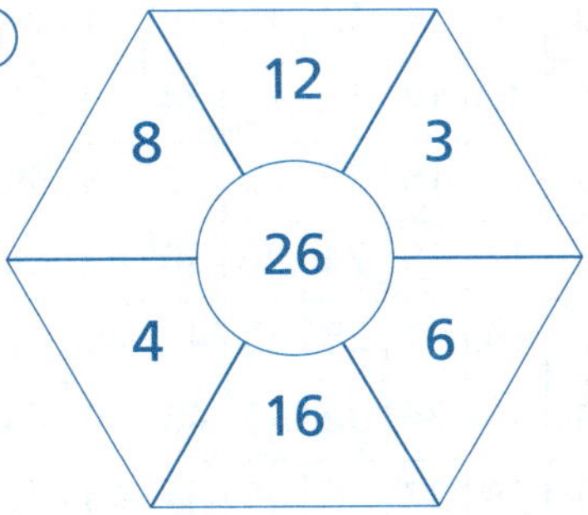

f
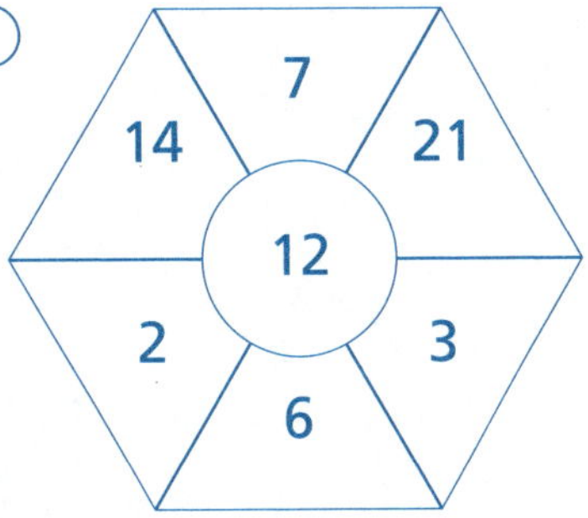

© Hachette Livre 2006. *Pour comprendre le calcul réfléchi CE2*. La photocopie non autorisée est un délit.

46 Jeux de nombres

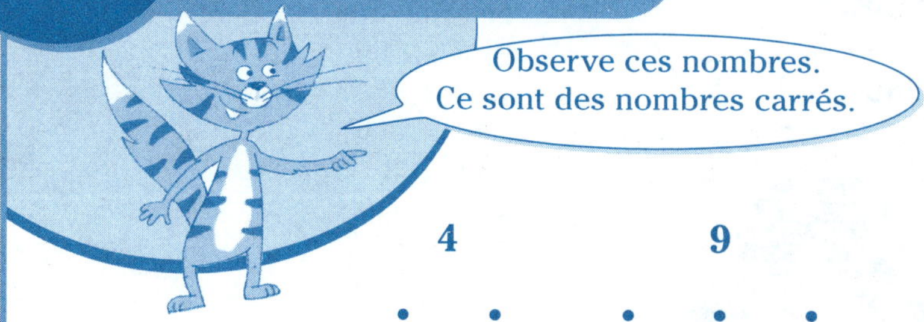

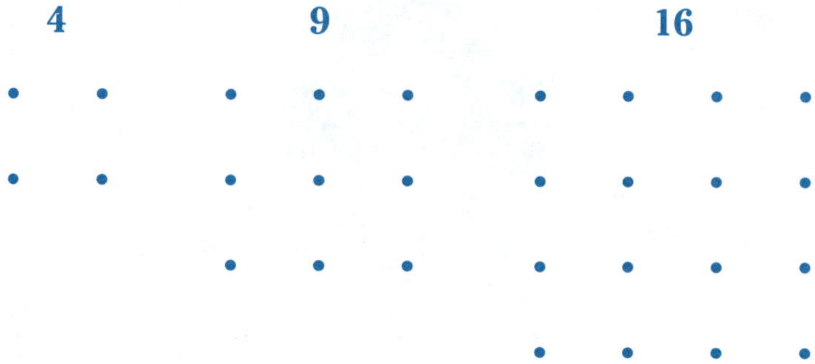

ⓐ **Quel est le nombre carré qui suit 16 ? (Utilise le quadrillage pour le trouver.)**

ⓑ **Parmi ces nombres lesquels sont carrés ? Entoure-les.**

10 36 50 64 72 100

ⓒ **Colorie en rouge les cases des nombres carrés de la table de Pythagore de la multiplication. Où se trouvent-ils ?**

×	1	2	3	4	5	6	7	8	9	10
1	1	2	3	4	5	6	7	8	9	10
2	2	4	6	8	10	12	14	16	18	20
3	3	6	9	12	15	18	21	24	27	30
4	4	8	12	16	20	24	28	32	36	40
5	5	10	15	20	25	30	35	40	45	50
6	6	12	18	24	30	36	42	48	54	60
7	7	14	21	28	35	42	49	56	63	70
8	8	16	24	32	40	48	56	64	72	80
9	9	18	27	36	45	54	63	72	81	90
10	10	20	30	40	50	60	70	80	90	100

© Hachette Livre 2006. *Pour comprendre le calcul réfléchi CE2.* La photocopie non autorisée est un délit.

Imprimé en Italie par L.E.G.O. S.p.A.
Dépôt légal: Août 2012 - Collection n°85
Édition n° 06 - 11/7316/0